MIT
HERZBLUT

CHRISTIAN H. DORN

GEDICHTE

Höher, schneller und weiter heißen die stürmischen Zeichen unserer heutigen Zeit. Langsam, nachdenklich Innehalten kommt meist zu kurz.

Sehnsucht nach Klarheit, Sinn, Authentizität und tiefem Frieden sind mein innerer Antrieb und beflügeln mich beim Schreiben.

Mit geöffnetem Herzen drückt es sich einfach leichter aus und die Worte kommen ganz von selbst.

Dieses Buches ist ein kleines Stück meiner Selbst und ist all meinen Lieben gewidmet, die mich in meinem Leben begleiten. DANKE!

Und so zeige ich mich mit offenem Herzen, schutzlos und ohne Maske. Das bin ICH SELBST.

ICH**SELBST**
WEICHHEIT DES HERZENS

Bibliografische Information der Deutschen Nationalbibliothek:
Die Deutsche Nationalbibliothek verzeichnet diese Publikation
in der Deutschen Nationalbibliografie; detaillierte bibliografische
Daten sind im Internet über dnb.dnb.de abrufbar.

Bilder Fotolia.de

Alexander Potapov
Michael Burrell
Sergey Eshmetov
monropic
icarmen13
Zacarias da Mata
cescassawin
Friedrich Images
amy_lv
fox17
Elena Kovaleva
Сергей Чирков
Andreka Photography
831days
Doris Oberfrank-List
rcfotostock

Herstellung und Verlag:
BoD - Books on Demand, Norderstedt

ISBN: 978-3-7412-6162-6

2. Auflage, Januar 2017

Topfpflanze

Bin erstarrt, grundverbunden, unbeweglich meine Sicht
Dürstend hilflos flehend auf des Wassers kühle Frische
In der Erde wurzelfassend, tief im Grunde Schicht für Schicht
Auf das der Sonne nährend Licht niemals erlische

Grünes Blut durch fein verwoben Adernwerke
Lebenssäfte rauschend wallen auf und ab
Entspringt aus diesem meine Stärke
Helf mir, möcht doch noch lange sein, nicht ins Erdengrab

Lautlos pulsierend in lebendiger Stille
Jahrelang Wachstum abhängig von Güte, bloßer Menschengunst
Pflanzenseele, bin mehr als nur leere grüne Hülle
Natur, meisterhaft, ein wahres Werk der Kunst

Nun bin ich kopflos vergessen, sinnverflossen
Einsam im leeren Raum
Spröde, bräunlich Färbung, gräulich schimmelmuffig Erdenraum
Will noch nicht gehen und glaub es kaum
Vertrocknend traurig
wünschte doch ich wär geboren als großer Mammutbaum

Klarheit

Die Zeit steht. Durchdrungen von heiliger Stille
fast gläsern erscheinen allumfassend die Gedanken
Mein Wesen, mein Geist getränkt mit Fülle
eingetaucht, atemlos, fast leichtes Wanken

So erfüllte Vollkommenheit
alles fühlend wahrgenommen
Traumversunken ohne Zeit
schon wieder der Moment verglommen

Festhalten, verharren in diesem Frieden
von einzigartigem Augenblick
Glücklich Seelenträume schmieden
heraus der Wirklichkeit entrückt

Doch plötzlich aufgewacht, zurück, herausgerissen
Realitäten die sich bohrend sichtbar zeigen
Getränkt von unserem tiefen Wissen
sich vor dem Leben zu verneigen

Jede Sekunde einzigartig, wie jedes süße Leben
Immer vollkommen von Liebe umhüllt
Aufwachen, sich aus der grauen Masse erheben
in Treue und Echtheit erfüllt

Erwacht

Seelenhunger
der unsere Herzen in die Sehnsucht der Liebe führt
Schon vor langer Zeit hat unsere Reise begonnen
Erinnern an den Fluss des Lebens, der unsere Tränen rührt

Schien einst der Dunst unser altes Wissen eingehüllt
hat sich ein neues, großes Tor geöffnet
und voll unendlichem Licht und Freiheit die Liebe erfüllt

Unsere Herzenswärme ist erwacht, soll nun für immer weilen
Steh tief zu Deiner Herzenstreue
Erinnere Dich, dann können Deine Wunden heilen

Es ist Dein Anfang zum Weg der Kraft des göttlichen Seins
mit den Ahnen an Deiner Seite
Liebe Dich und der Klang Deines Herzens wird Eins

Dankbarkeit

Danke ehrerbietend Leben
Aus des Schoßes tiefstem Grund betrachtet
Dir immer stolzen Hauptes aufrichtig ergeben
Klargeistes wissend aus der Tiefe des Herzens geachtet

Nicht richtend, vorausschauend weisen Schrittes
Wachsam, allweise mir zugetan
Höhen und Tiefen lebenswilden Rittes
hast immer das Richtige für mich getan

Manches Mal durch schweren Schleiers Trübsicht abgedämpft
Verlorenen Blickes, verzerrend fernab des Klaren
Des Weges abgerutscht, dagegen angekämpft
Liebend, geduldig doch zurück zum Wahren

Geführt von der Zeit erlösend Einsicht
des Lebens aufregend wilder Tanz
Folg stiller Weisheit des Lebensrufes Zuversicht
Grundvertrauen voll und ganz

Lebenszeit

Täglich geatmete Endlichkeit
die unendlich weit
und nur durch die Zeit

die zu Ende geht
zum Schluss am Abgrund steht
und innerlich fleht

Noch einmal eine Chance neu
diesmal jedoch ohne Scheu
und ebenso dem Herzen treu

Das wird niemals passieren
Du kannst es nur Jetzt probieren
Es gibt nichts zu verlieren

Sei ehrlich zu Deinem tiefsten Wesen
nur Du kannst seine Sehnsucht lesen

Sei ehrlich, spür Wahrhaftigkeit
öffne Dein Herz, mach es weit
Es ist so wenig Zeit

Urlaub

Gedanken versunken
Seele baumelnd
fast trunken
von freiem Geist taumelnd

Sonnenstrahlen, leichter Wind
ruhiger Atem, angekommen
Herzlich lachen wie ein Kind
fühle mich hier angenommen

Olivenhaine gräulich schimmernd
grüner Rasen, Felder, Wiesen
Weite Horizonte flimmernd
entspannt die Augen schließen

Der Zeit entrückt, wie angehalten
Weisse Federwolken, Himmel Blau
Mein Leben leben, frei entfalten
leidenschaftliche Innenschau

Neues

Sicher, fragil umspannt
wohlbehütet in der Seifenblase der Gleichheit
Mutig dem Leben entgegengerannt
ausbrechen, wild, gefährlich, losgelöst von Zeit

Neue Tore aufreißen
Perspektivenwechsel, Abenteuer des Ungewissen
Dem Neuen die Ehre erweisen
alte Bilder der Vergangenheit nicht missen

Leidenschaftlich mit offenem Geist entdecken
keine Möglichkeiten der Vergleiche
Lebensgeister immer neu erwecken
wenn das Alte dem Neuen weiche

So flüchtig wie ein Flügelschlagen
wenn Unberührtes seinen Faden spinnt
Gewoben, getragen, zerschlagen
damit Alles wieder neu beginnt

Stille

Stille, Atem eingefroren, lausche
spüre hautsensibel Tastens Sinn
Wie das Blut durch Adern rausche
all Sekunde Neubeginn

Muskelzuckend, löst der Krampf
entspannte Körperlust entdecken
Sei bewusst, verlier den Kampf
ergebe Dich, gib auf den Schrecken

Es kommt wie's kommen muss
aus Deinem Innersten bemüht
Pulsierender Lebensfluss
Früchte des Herzens erblüht

Kontakt zu Deinem tiefsten Wissen
Frei von Gedanken, vielschichtiges Sein
Vom Strome fortgerissen
bei Dir ganz allein

Ozean

Eingetaucht in bebende Wasserschwingen
Fragende Tiefe, dunkel, klares spiegelnd Licht
Haut umhüllend, sinngedämpft umschlingen
Körperdruck des Ozeans Gewicht

Sturmes aufgepeitschte Gischt von Kamm bis Tal
unentwegt, unendlich neu erfinden
Niemals gibt's ein zweites Mal
Fernwehschmerz lebendig empfinden

Verschluckt oder getragen?
Wasserspannung scharf geteilt durch Schiffes hölzern Schwert
Abhängig von launischen Wetterlagen
ganz egal wenn Fernweh zehrt

Trage mich, wie schwebend weg hinfort
Lass uns gemeinsam gehen
Durchs Leben treiben von Ort zu Ort
um noch die ganze Welt zu sehen

Weichheit

Zeig offen Deines Herzens tiefste Wunden
Wie ein beiläufig, sanftes Herbstblätterrauschen
leise des Herzens Stimme zu dir flüsternd haucht

Um des Kernes Mark heilsam zu gesunden
Nimm an
durchfühle bleiern schwere Schmerzen, fang an zu lauschen
Geistig Klarheit aufgeflackert und wieder verraucht

Erkenne Dich
sei echt und frei ohne gedanklich es zu richten
Es geht darum sich einzulassen, dem Herzen unablässlich anvertraut
Über Geistes aufgebaute Mauern springen ist Horizontes fern

Einverleibt, zärtlich eingewoben in Deines Wesens feine Schichten
Doch ohne Reue, scheue nicht
zeig Schames offen dargelegt, zartweiche Haut
so kann es weitergehen, tief durchdringen den ganzen Wesenskern

Schmerz

Erfroren, federtaube Empfindsamkeit
gespannt wie sprödes Pergament
Verflogen meine Heiterkeit
verflogen all mein Temperament

Gläsern Gespinst, eingefangene Leere
Den Weltenschmerz auf kleinsten Punkt gebrannt
Müde Glieder, Augenschwere
reißen mich aus dem Verstand

Orientierungslose Trübheit, blind
Offenporig, Sinn verloren ohne Grund
Hilflos zaudernd wie ein Kind
verkrochen tiefer Dunkelschlund

Kraftvoll suhlend schöner Schmerz
in letzte Zellen eingetaucht
Kraftlos hart zerbrochen Herz
Kräfte restlos aufgebraucht

Sehnsucht

Schon seit langen
Stunden und Tagen
starkes Verlangen
kann es kaum ertragen

Schmelze vor Sehnsucht
wie eine Blume ohne Erdengrund
Und suche die Zuflucht
In Gedanken küsse ich zärtlich Deinen Mund

Zufriedenheit breitet sich aus
und auch die Zukunft fühlt sich federleicht
Aus meinem Innersten heraus
ist es Liebe gar vielleicht

Es ist viel mehr
ganz herzausfüllend, Seelenkuss
Und es fällt überhaupt nicht schwer
denn es fühlt sich ganz im Fluss

Traum

Sei gewiss, träume dein Leben
Geistesseele in Wolkenweiten
Einfach die Flügel heben
hinein, öffne den Äther der Zeiten

Getragen von der Woge des Vergessens wehen
Schelmisch grinsend breitet sie sich aus
Noch so schön, doch wird alles vergehen
Tagestraum, nachts schlafe tief, weißt nicht woraus

Ein Traum entsteht
jeder Atemzug gebärdet
Wo es im Albtraum eher fleht
dass nichts passiert, nichts gefährdet

Plötzlich öffnen sich die Lider
Morgenlicht durchdringt den Raum
Hab mein altes Leben wieder
leider war alles nur ein Traum

Tod

Vom Fuße bis zur Haaresspitze, Körper entschwunden
Freiheit, Frieden, ohne Schmerz erheben
Seele, weise, dem Sterben ohnmächtig verbunden
doch langsam schwer gelöst vom Leben

Hältst Deine Maske nicht mehr fest
Kraftlos, nackt, echt, Zeige Dich
Unschuldig, jetzt beginnt Dein Lebensrest
formlos, frei und herzenszärtlich

Es ist Zeit Dir, Mir zu begegnen
Dein Meister tanzt schonungslos mit Dir
Das Leben lieben, ehrlich segnen
Den Tanz des Lebens jetzt und hier

Deine Reise ist unendlich
urgesund, lass los
Kostbar aufblühend, vergänglich
Grenzenlos

Freiheit

Wenn die Schwingen der Freiheit dich erfassen
sie dich küssen und der Mantel der Unendlichkeit sich weitet
Des Geistes Samen streuen wie zufällig
fallende Schneeflocken ihre Triebe
spielen mit deines scharfen Blickes Weitsicht

Körperschwebend, fast aufgelöst
zart eingehüllt in sanfte Liebe aus Ferne geleitet
Durchdrungen tief in deine Seelenschicht

Verschwimmend inneres Augenbild
wo Traum und Sehnsucht sich hineinvermischen
Aufgewacht dein Geisteskind
Realitäten schneidend klar, Visionen, Wünsche verwischen
Planetenwerke geben freie Sicht, neue Universen am Entstehen sind

Schwerelos aufgelöst die Strukturen, wie feinster Wassernebel
Jedes Tröpfchen so empfindsam wie des Wassers Haut
Dunst verweht, losgelöste Weltensicht
es fällt der Schleier

Deine Seele fließt hinein, verbunden und so sehr vertraut
Mein Wesen verschmolzen mit der Zuversicht
Dein helles Licht lebendig, freier

Phasen

Seelenhunger nach Erleben
Älterwerden aufwärts streben
Herzenssehnsucht glücklich Leben

Langsam realisieren
Jungstark intervenieren
Kämpfend, kraftvoll protestieren

Tiefe Inspiration
Eine große Vision
Alles nur Illusion

Träume von Freiheit
Stille und Wahrheit
Völlige Einheit

Gelassen loslassen
Frei von den Massen
Wahrhaftig erfassen

UND
LEIDENSCHAFT